AMÉLIORATIONS

DE

PREMIÈRE UTILITÉ

PUBLIQUE

Réclamées par les besoins de la Ville et de la Commune

de

CONDOM

A l'époque actuelle

PAR UN HAUT TAXÉ.

Condom (Gers) 1860.

1860

AMÉLIORATIONS

DE

PREMIÈRE UTILITÉ

PUBLIQUE.

La Ville de Condom nous paraît avoir suivi une marche toujours ascendante et croissante depuis que ses généreux concitoyens , nés tous les deux à Condom et devenus ministre après 1830, l'ont dotée du précieux canal de la Baïse. On ne peut prédire jusqu'où peut monter dans l'avenir la prospérité de cette ville, surtout si elle voyait s'accomplir le projet dont il a été souvent parlé, et qui consiste à établir un Chemin de fer dans le parcours des deux vallées du Lot et de la Baïse. Quoi qu'il advienne à cet égard, la position géographique de Condom, la fertilité de son territoire et les grands avantages commerciaux que lui procurent son canal et ses nombreuses routes ferrées, sont assez importants pour nécessiter des établissements en rapport avec sa prospérité présente et future.

Il est de fait que la ville est aujourd'hui totalement dépourvue d'établissements publics suffisants pour concorder avec ses besoins actuels et encore plus avec ses besoins futurs.

Quatre choses de grande importance manquent en ce moment à la ville de Condom :

1º Des Eaux potables;

2º Un Hôtel-de-ville beaucoup plus spacieux que celui qui existe maintenant;

3º Une Halle aux grains d'un abord facile, et près de laquelle puissent stationner les charrettes chargées de diverses céréales;

4º Enfin, une Salle de spectacle qui, comme celles de toutes les villes importantes, exercerait une grande influence sur la moralisation publique et sur la prospérité de tous les petits commerces de détail.

Nous allons examiner brièvement la haute
importance de ces diverses améliorations et
les moyens que nous croyons les plus avantageux pour en venir à une prompte réali-
sation ou exécution.

I.

DES EAUX POTABLES.

La Ville de Condom, située entre deux
rivières et pourvue d'un grand nombre de
puits, n'a jamais été en souffrance pour ce
qui concerne les eaux de lavage; il en est
tout autrement en fait d'Eaux potables : il
faut aller les chercher loin, à l'époque surtout des quatre mois de fortes chaleurs et
de sécheresse : ce qui devient fort onéreux
en perte de temps et fort pénible pour les
trois quarts de la population qui n'a pas de
quoi payer des porteurs-d'eau. Les familles

riches, elles-mêmes, qui, en grande partie, font usage des eaux de puits, sont abreuvées d'une façon très-préjudiciable à leur santé; car il a été reconnu de tous les temps que les eaux de puits sont pesantes, crues, d'une digestion difficile, cuisant mal les légumes et par conséquent très malsaines.

L'eau de la Baïse serait naturellement bonne et salutaire, mais elle a très-souvent besoin d'être filtrée; peu de familles peuvent faire les frais pour l'achat et l'entretien d'un filtre; d'un autre côté, l'eau de la Baïse, quelque bien filtrée qu'elle soit, a toujours un goût et doit être malsaine pendant les quatre mois de grosses chaleurs; la rivière contient à cette époque une grande quantité de matières animales ou végétales en dissolution, qui sont chariées par les affluents de la Baïse.

Si une fois on admet que la ville de Condom soit actuellement très-mal abreuvée en fait d'eau potable, il reste à exposer par quels moyens on pourrait remédier à ce grave état de souffrance. Si les ressources pécuniaires de la ville étaient suffisamment grandes, on pourrait indiquer de faire arriver les eaux de trois ou quatre sources abondantes qui jaillissent au Nord-Est de la ville et à quatre ou six kilomètres de distance; mais les frais seraient au-dessus des ressources actuelles. Ajournons donc cette grande amélioration et laissons-en le soin à nos arrière-neveux, qui, sans doute, seront plus riches que nous, surtout s'ils ont un Chemin de fer.

Bornons-nous, pour le moment, à ce qui est faisable. Ainsi, nous proposons de faire arriver au pied des anciens murs de ville trois sources, peu éloignées, qui ne tariraient jamais, bien aménagées qu'elles fussent et qui parcourraient le trajet par une pente naturelle assujettie à de très-faibles écrêtements de terrain.

Ces trois sources sont celles du *Pichouret*, du *Platé* et de *Belombre*. La source du Pichouret arriverait, par de bons tuyaux, à l'entrée de la rue de Gèle; celle du Platé pourrait être conduite sur l'un des points du Boulevard de Barlet, et celle de Belombre serait très-bien placée en tête du pont des Carmes, du côté de la Bouquerie; elle fournirait en même temps de l'eau à la partie basse de la rue des Armuriers et autres rues du voisinage. On devrait ensuite alimenter la Fontaine du Pradeau en lui adjoignant plusieurs filets d'eau qui se trouvent du côté de *Mérato*.

En faisant des fouilles plus étendues dans le bassin avoisinant la route d'Auch, on trouverait assez d'eau pour établir une borne-fontaine près de l'Eglise de Riguepeu, et pour fournir l'eau nécessaire aux besoins du Griffon.

Ces diverses améliorations relatives à des Fontaines publiques ne seraient pas au-dessus des ressources pécuniaires actuelles de la ville, et fourniraient une qnantité suffisante d'eaux potables et saines, qui feraient patiemment attendre, sans de trop grandes souffrances, que la prospérité croissante de la cité put permettre de faire arriver les belles sources situées à plusieurs kilomètres de la ville.

Pour bien couronner l'œuvre de la distribution des eaux, il serait éminemment utile d'employer le perdant des fontaines nouvelles à alimenter des Lavoirs publics suffisamment vastes et couverts de tuile à canal, dans le genre du lavoir qui se trouve au bas du jardin de l'Hospice. On pourrait même en créer deux sur la Baïse : l'un près des Bains , et l'autre à l'endroit vulgairement appelé le *Rampeou.* Ces lavoirs pourraient être établis sur des piliers en pierre ; celui qui existe actuellement au Pradeau n'aurait besoin que d'une toiture ; ceux de Riguepeu, de Gèle et de Barlet seraient établis près des fontaines dont il a été question plus haut (*).

II.

HOTEL-DE-VILLE.

L'Hôtel-de-ville actuel de Condom n'est pas assez spacieux ; il ne fournit point la moitié du local nécessaire pour les bureaux, les salles de conseil, le musée, la bibliothèque, les instruments propres aux incendies, et autres dépôts de diverse nature , que

(*) Valence près Condom possède un lavoir couvert.

réclament les besoins actuels de la ville et ceux d'un avenir qui n'est pas très-éloigné.

Ce même Hôtel-de-ville ne peut pas s'agrandir; et, d'un autre côté, il n'existe point au centre de la ville un bâtiment à vendre qui soit assez spacieux pour satisfaire à tous les besoins communaux : on est alors forcé d'en construire un. L'emplacement le plus favorable à cet égard nous semble être le pâté de maisons, désigné habituellement sous le nom de *Cloître*, et situé au nord de la cathédrale.

Quelques personnes ont eu l'idée de donner une autre destination à l'ancien cloître; elles disaient, par exemple, qu'il conviendrait de transformer ce local en une halle aux grains. Nous sommes loin d'approuver un semblable projet. Il nous semble d'abord qu'il y aurait en cela une sorte de profanation qui blesserait le sentiment religieux. Quelqu'informes que soient les restes dudit cloître, dans le cas même où son délabrement viendrait à être regréé, il conserverait toujours assez de caractère religieux pour qu'il y eut une grande inconvenance à l'exposer journellement aux gros jurons et

autres incongruités, que prodigue une foule
sans cesse renouvelée. C'est bien assez
d'avoir profané récemment la jolie petite
chapelle attenante au bâtiment de l'ancien
évêché, en la transformant en une sorte de
vestibule du Palais de justice, lequel vestibule n'est maintenant autre chose qu'un
décrottoir et un urinoir à l'usage de tous les
individus qui, pour affaires ou par désœu-
vrement, fréquentent les audiences du tribunal. D'un autre côté, l'emplacement de
l'ancien cloître serait trop restreint, trop re-
culé, trop sombre, trop attristant et trop
inabordable pour un commerce de grains
avec échantillons à la main ou avec charrettes chargées.

Démolir tout-à-fait un vieil édifice religieux en ruines vaudra toujours mieux que
de le destiner à des usages profanes et irré-
vérentieux. C'est ainsi que l'envisageaient les
anciens peuples Egyptiens et Grecs qui, s'ils
ne possédaient pas la connaissance du vrai
Dieu, pratiquaient du moins un respect à la
fois intelligent et pieux envers leurs fausses
divinités, et envers les temples où celles-ci
avaient reçu l'encens et la prière des siècles.

L'idée de transformer le cloître en halle aux grains provient de l'engouement dont se trouvent saisis depuis plusieurs années quelques bons esprits, qui se complaisent à croire que les vieux monuments, quelque délabrés ou quelque mal construits qu'ils soient, doivent être néanmoins conservés. Des croyances de ce genre sont un abus de l'amour des antiquités; c'est absolument comme si on s'émerveillait devant un vilain gros sou du temps de Néron et qu'on prendrait pour une précieuse médaille. Le goût pour les choses antiques, belles ou laides qu'elles soient, nous a été inspiré depuis trente ans environ, par les laborieuses recherches et par les éloquentes exhortations auxquelles se livra l'école des Chartes; mais cette école, comme toutes les autres, a eu ses mauvais élèves ou adhérents. Toujours est-il que le cloître de Condom n'a rien comme objet d'art qui mérite d'être conservé; il fut construit dans l'enfance de l'abbaye, et dans un temps où celle-ci n'avait pas des revenus suffisants pour payer les meilleurs ciseleurs et tailleurs de pierre de l'époque. Il n'en fut pas ainsi lorsque fut construit le cloître de la

riche abbaye de Moissac, qui est resté jusqu'à nos jours un précieux monument de
l'art architectural dans le moyen-âge.

Reste que le cloître de Condom ne présente aucun titre, sous quelque rapport que
se soit, pour être conservé ; cela est si vrai
que lorsque l'abbaye fut transformée en
évêché, le cloître n'ayant plus sa raison
d'être, devint une grange à bois et à foin
pour les besoins du chapitre et du four ba-
nal. Cette destination, toute d'usage privé, ne
comportait pas la profanation que produit
toujours une destination d'usage public.

Plus tard, lorsqu'il fut question de recons-
truire et d'agrandir la cathédrale, vers le 16e
siècle, on ne se fit pas scrupule de démolir
une partie dudit cloître, qui, depuis lors, est
resté jusqu'à nos jours avec trois côtés seulement au lieu de quatre qu'il en avait à sa
naissance, comme cela se voyait dans touts
les cloître de la chrétienté.

Si l'on admet qu'un hôtel-de-ville serait
très-bien situé sur l'emplacement de l'ancien
cloître de Condom, voici comment il nous
semble que le terrain pourrait être distri-
bué : on percerait d'abord une rue suffi-

samment large le long de la cathédrale, côté du nord; puis viendrait la façade et les cours de l'hôtel-de-ville, longeant ladite rue; puis, enfin, il resterait un local qui serait suffisant entre l'hôtel-de-ville futur et le palais de justice, sur lequel local on pourrait établir les prisons, qui, alors, se trouveraient attenantes et en communication facile avec le tribunal.

Dans toute bonne administration de la justice, il est très avantageux de pouvoir effectuer les interrogatoires sans que magistrats ou prisonniers aient besoin de traverser la voie publique; ainsi que cela se voyait à Condom, lorsque l'hôtel-de-ville actuel était le Palais de justice, les prisons se trouvaient être attenantes : c'est encore ainsi que cela s'organise maintenant à Auch, par la construction du nouveau Palais de justice et des Prisons : les deux édifices seront contigus.

Dans le cas où l'on adopterait l'idée de construire, comme il vient d'être dit, un nouvel Hôtel-de-ville, l'actuel pourrait être facilement vendu. Il se trouve bien situé, et il offre tout l'espace nécessaire pour servir de demeure aux personnes qui possèdent une fortune aisée ou élevée.

Si l'Hôtel-de-ville et les Prisons étaient transférés sur l'emplacement du cloître, on y gagnerait le grand avantage de rassembler en un seul tenant toutes les administrations spécialement chargées de veiller au maintien de l'ordre public; de cette sorte, lesdites administrations pourraient communiquer de l'une à l'autre au moyen de quelques portes intérieures, et alors la Mairie, les Prisons, le Tribunal, la Sous-préfecture et la Gendarmerie ne feraient qu'un seul corps de bâtiments, ce qui deviendrait d'une haute importance aux époques de troubles civils, d'émeutes ou d'insurrections. L'action gouvernementale y gagnerait en force défensive, parce que celle-ci ne serait pas divisée sur divers points ou quartiers de la ville, et qu'elle ferait en quelque sorte faisceau.

En adoptant l'idée de construire un nouvel Hôtel-de-ville, on serait assuré que l'Etat et le budget départemental fourniraient quelque allocation de secours, comme il est d'usage lorsque les Communes construisent à neuf un édifice public; tandis que tous les ministères ont pour règle de ne rien

accorder lorsqu'il s'agit seulement de rapié-
cer ou de rajuster des bâtiments en ruine.

Une chose à considérer dans les villes
populeuses comme l'est Condom, et qui tend
tous les jours à le devenir d'avantage, serait
d'avoir, dans l'une des cours de l'Hôtel-de-
ville, une petite caserne séparée pour y loger,
en cas de besoin, une compagnie de 100 à 120
hommes. La présence seule d'une semblable
garnison, et quelquefois même le seul fait
qu'elle peut arriver promptement et rester
sans contact avec les populations suffiraient
pour empêcher ou prévenir les troubles
publics.

Il serait aussi d'une grande utilité que
l'Hôtel-de-ville put fournir un logement
composé de trois ou quatre pièces au moins,
pour le premier secrétaire de la commune,
et un autre logement de ce genre pour le
bibliothécaire.

Les destinations et les locaux dont il
vient d'être parlé pourraient fort bien se
réaliser sur l'emplacement du cloître actuel,
en donnant à l'Hôtel-de-ville une élévation
suffisante pour avoir rez-de-chaussée, premier étage, deuxième étage et combles ou

galetas, ayant deux ou trois pieds de hauteur aux angles extérieurs : le tout comporterait onze croisées de façade à chaque étage.

La distribution intérieure du nouvel Hôtel-de-ville pourrait s'effectuer de la manière qui suit : un vestibule en entrant ; à droite le Corps de garde et ensuite le Logement du concierge, auquel on aboutirait par un couloir ; à côté de ce logement, et faisant retour sur la cour, on ménagerait le logement du premier secrétaire ; à gauche, quand on entre au vestibule, se trouverait la Salle d'audience de la justice de paix, ensuite viendraient les Cabinets particuliers du Juge de paix et du Greffier : voilà pour le rez-de-chaussée.

Au premier, on placerait les Bureaux de la Mairie au-dessus du Vestibule et du Corps de garde ; au-dessus du logement du Concierge le Cabinet particulier du Maire, et au-dessus du logement du premier Secrétaire, le logement du Bibliothécaire ; au-dessus de la Salle d'audience se trouverait une Salle pour les grands conseils et pour mettre en évidence les portraits des personnages illustrés de la ville et de la contrée ;

au-dessus des cabinets du juge de paix et du greffier on pourrait déposer les divers objets relatifs aux sciences, aux arts, aux lettres et aux antiquités.

Le second étage devrait être entièrement consacré à la bibliothèque et aux archives de toute nature.

III.

HALLE AUX GRAINS.

La Halle aux grains actuelle de Condom n'a pas été construite pour cet objet; voilà bientôt trente ans qu'elle n'est qu'un emplacement provisoire, en attendant qu'on puisse en construire une autre suffisamment spacieuse. La plus grande difficulté jusqu'à présent a été de trouver un terrain qui ne fut pas trop coûteux et qui n'éloignât pas trop la Halle du centre de la ville.

Dans toute bonne organisation communale et commerciale, une chose importante à
considérer, est d'éviter l'encombrement et
l'affluence d'un trop grand nombre de personnes sur le même point, chose toujours
nuisible à la facilité et à la fécondité des
transactions. Que tous les commerces et
toutes les marchandises soient groupés autour du clocher dans les villages ou dans les
villottes, cela se conçoit ; les affaires et les
personnes n'y sont jamais assez nombreuses
pour qu'il y ait encombrement. Il en est tout
autrement, quand les villes acquièrent de
l'importance, et surtout quand elles sont
appelées à une prospérité toujours croissante, ainsi que cela peut s'observer pour ce
qui concerne la ville de Condom. Il faut
alors diviser et répartir sur plusieurs points
les divers genres de commerce.

D'après ces principes, la Halle actuelle de
Condom, pour la vente des grains, ne peut
rester là où elle se trouve, ni aux alentours.
C'est souvent pitié de voir combien sont
empilés vendeurs et acheteurs de grains
à la Halle actuelle, qui, de plus, est encom-
brée par des marchands forains de toute

espèce. Nous dirons, même ici en passant, que c'est une mauvaise habitude ou un mauvais système d'appeler ou de favoriser la venue d'un trop grand nombre de marchands forains ; cela nuit à la prospérité des marchands domiciliés en ville, et les empêche d'étendre leur commerce ou de se mieux assortir.

La Halle actuelle ne servant plus à la vente des grains, on pourrait la convertir en une Halle ou Marché couvert pour les comestibles, tels que, fins jardinages, fruits, volaille morte, gibier, charcuterie, etc., etc.

Il est à remarquer que nous proposons ici ce qui ce fit à Auch, il y a quinze ans environ, lorsque la nouvelle Halle aux grains fut transférée rue de la Pomme-d'Or, contiguë à la route impériale, et tirée de l'emplacement qu'elle occupait dans un quartier encombré et d'un abord difficile. De cette sorte l'ancienne Halle devint alors un marché couvert pour les comestibles. Il devrait en être de même aujourd'hui en ce qui concerne la Halle actuelle de Condom ; il serait très-avantageux de la convertir en un marché couvert pour les comestibles.

Condom est la seconde ville du département ; il ne faudrait pas qu'elle restât par trop inférieure à sa sœur aînée. — Une Halle à la *Rondelle* ne serait pas plus éloignée de la Halle actuelle que celle nouvellement construite à Auch ne l'est de l'ancienne.

Nous avons maintenant à examiner la question la plus difficile à résoudre, qui est celle de trouver un emplacement peu coûteux à acquérir et qui ne soit pas trop excentrique. A cet effet, nous ne voyons que l'une des deux Places situées aux extrémités des Promenades, et mieux encore, à notre avis, l'emplacement appelé la *Rondelle*, situé au centre des Promenades.

Plusieurs motifs majeurs militent en faveur du choix de ce dernier local ; d'abord il ne coûterait rien à la Commune ; puis il offrirait le grand avantage de fournir un asile aux charrettes chargées de grains qui, pendant le marché, pourraient stationner sur la Place dite de *Porteneuve*, contiguë à la Rondelle, la grande route entre les deux. Le commerce des grains au marché de Nérac s'est toujours bien trouvé d'avoir un local contigu pour donner asile aux charrettes chargées de céréales ou d'autres denrées.

Le plus grand avantage d'une Halle à la Rondelle, serait de fournir un promenoir couvert aux nombreux habitués des Promenades, qui sont très-souvent surpris par la pluie ou fatigués par un soleil trop ardent; ce qui les empêche souvent de sortir de chez eux, dans la crainte d'être surpris par des intempéries; tandis qu'avec la certitude de trouver un promenoir couvert, ils quitteraient plus fréquemment leur domicile, pour respirer ce qu'on appelle le grand-air; la santé publique y gagnerait beaucoup, car l'exercice a toujours été considéré comme très-salutaire. Un vaste promenoir couvert serait surtout avantageux aux petites fortunes qui, d'habitude, sont logées à l'étroit.

En construisant une Halle sur le terrain de la Rondelle, on pourrait y établir au-dessus trois ou quatre étages de greniers, qui serviraient à loger temporairement, et moyennant un prix de location, les blés que voudraient vendre beaucoup de petits propriétaires dans le rayon de 10 à 12 kilomètres autour de Condom : ces blés, jusqu'à ce jour, ont été emmagasinés, tant bien que mal, chez de petits particuliers de la ville; les propriétaires préféreraient sans nul doute placer leurs blés dans des greniers bien sains et bien aérés au-dessus de la halle sous la surveillance d'un gardien intelligent et probe, choisi à cet effet par l'autorité municipale. Nous estimons que le produit des locations, à tant par sac, fournirait un revenu supérieur à l'intérêt de la somme qui serait nécessaire pour construire la nouvelle Halle.

Il serait essentiel d'avoir un bon gardien qui, d'une part, surveillerait les blés, et d'autre part, maintiendrait la propreté de la Halle et du Promenoir. Ce gardien devrait être logé gratuitement dans l'édifice et avoir au rez-de-chaussée une salle assez spacieuse, où pourraient être déposés, dans des placards, des échantillons de blé que lui confieraient les vendeurs ou les acheteurs, qui souvent se tiendraient dans la salle pour conclure leurs marchés, pour se reposer, s'asseoir, se raffraîchir ou se chauffer, suivant les temps ou les besoins. Des bancs en pierre ou en bois pourraient être placés dans l'intérieur de la Halle et contre les murs.

Il est probable que la Halle en question deviendrait aussi un point de rassemblement

pour la vente des liquides et des spiritueux.
Dans ce cas, il serait utile d'avoir une chambre pour les échantillons de liquides, comme
il y en aurait une pour les échantillons de blé.
On ferait bien alors de construire deux
pavillons attenants aux bâtiments de la Halle
et de chaque côté de l'escalier actuel qui
descend de la Rondelle à la grande Promenade; l'escalier serait entre les deux pavillons. Il ne serait pas nécessaire de fournir
un logement au préposé qui aurait la garde
des échantillons de liquides, et, par conséquent, la clef du bureau où ils seraient déposés. Ce bureau irait très-bien du côté où
est maintenant la Poste aux lettres, et celui
des grains, du côté de la grande route et de
la place Porteneuve.

Il est comme certain qu'avec ces avantages de situation, le commerce des liquides se
fixerait un jour sur l'une des deux moitiés
de la Halle en question, tandis que l'autre
moitié serait au commerce des grains, à la
condition, bien entendu, qu'aucun marchand
forain n'y serait admis.

Le terrain de la Rondelle nous semble
plus que suffisant pour y construire une

Halle; car ce terrain mesure 20 ou 24 mètres de longueur et 12 de largeur. Avec une telle surface il y aurait amplement de quoi donner asile à tous les vendeurs et acheteurs de grains et de liquides; mais il faudrait avoir soin de n'y admettre aucune autre espèce de commerce pendant la tenue des marchés. Lorsqu'il n'y aurait point marché, une telle Halle serait d'une grande ressource pour abriter tous les genres de petits spectacles, tels que, comédiens ambulants, marionnettes ou autres.

IV.

SALLE DE SPECTACLE.

Dans un état de civilisation avancée, les populations urbaines et toute la partie aisée des populations rurales ont un grand écueil à éviter; cet écueil c'est l'ennui, qui d'habitude engendre toute sorte de mauvais penchants. Les hommes d'État et les publicistes de tous les siècles se sont évertués à combattre ou à empêcher de naître ce préjudiciable et fatigant ennui. L'ancienne Rome avait son Théâtre de Plaute et de Térence pour les classes lettrées, et le *Ludi circenses* pour le populaire.

Dans nos temps modernes, plusieurs auteurs dramatiques, depuis Molière jusqu'à nos jours, ont pris à tâche d'amuser et d'instruire à la fois le public avec des pièces de théâtre qui justifient très-bien l'ancien adage *Castigat ridendo mores*. Les discours uniquement moraux, quelqu'éloquents qu'ils soient, ont le grand inconvénient d'être par trop sérieux, et d'assoupir ou d'endormir l'esprit avant d'affaisser le corps. La gaîté est un assaisonnement indispensable pour faire agréer par l'esprit et faire pénétrer dans l'âme toutes les vérités morales. Une pièce de théâtre doit présenter à égale dose la gaîté et la moralité; si elle n'est que gaie, elle devient inutile, et surexcite avec trop de force un sentiment naturel qu'il faut savoir modérer; si elle n'est que morale elle est assurée de provoquer l'ennui. Il faut donc qu'elle soit un heureux mélange de gaîté et de moralité.

Les principes qui précèdent, une fois admis et bien appréciés, on sera bientôt convaincu de la grande utilité qu'il y a d'avoir une Salle de spectacle dans tous les centres de population un peu marquants. La ville de Condom nous paraît être au nombre de ceux-ci ; le théâtre y serait fréquenté, non-seulement par les habitants de la ville, mais encore par ceux qui résident dans le rayon de 10 à 12 kilomètres ; il est à regretter qu'une salle agréable sous tous les rapports n'ait pas encore existé à Condom, et si l'on fait tant que d'en établir une, il importe qu'elle présente des proportions et des distributions qui la rendent suffisamment attrayante pour attirer un public nombreux. Plus on croira se trouver bien assis dans une salle élégamment ornée et plus on sera porté à fréquenter le théâtre. Pour attirer la foule il faut remplir autant que possible les trois conditions suivantes : savoir choisir d'abord des pièces à la fois instructives et amusantes, puis avoir de bons comédiens et enfin pos-

séder une salle qui offre autant d'agréments
que les ressourses communales et les dons
ou générosités privés peuvent le permettre.
Il faut se bien pénétrer de l'idée que l'Administration publique est en quelque sorte
obligée, et cela par plusieurs motifs, de faire
des frais pour l'établissement et l'agréable
aspect des Salles de spectacle. Le Gouver-
nement en donne lui même l'exemple, lorsqu'il fournit, dans le seul intérêt des beaux-
arts, au Grand-Opéra de Paris, une subven-
tion annuelle qui s'est élevée à certaines
époques jusqu'à huit cent mille francs.

Il nous reste maintenant à examiner les
moyens à prendre afin d'avoir un théâtre
bien organisé, et quelles ressources pourrait
fournir le budget de la ville. Quand nous
avons parlé plus haut de l'acquisition du
Cloître, pour y construire un Hôtel-de-ville,
nous avons dit qu'il y resterait, attenant au
Palais de justice, un terrain suffisant pour
les Prisons. Dans ce cas la Ville demanderait
au Département qu'un échange fut fait
de façon que le bâtiment des Prisons actuelles deviendrait propriété communale, et,

pour lors, les Prisons seraient contiguës avec le Palais de justice.

Le local des Prisons actuelles renferme toutes les conditions pour créer une Salle de spectacle bien située, bien aérée, suffisamment vaste et ne menaçant d'incendie aucun voisinage. Le chemin de ronde actuel pourrait, si on élevait les murs de clôture, être converti en un large couloir et en chambres pour le vestiaire, pour les bagages des comédiens et pour le logement d'un concierge. Il serait facile d'établir à l'intérieur un vaste parterre et plusieurs rangs de premières loges ou premières galeries.

Une Salle de spectacle bien organisée aurait le grand avantage de fournir un local convenable pour des bals, des concerts, des expériences de physique, des expositions d'objets d'art et d'une foule d'autres curiosités qui d'ordinaire ne vont point s'établir temporairement dans les villes où ne se trouve aucun local convenable.

En accroissement des ressources actuelles de la commune, celle-ci en trouverait une autre dans la vente de la maison dite des *Francs-maçons*, située rue de Gèle. Cette

maison fut acquise il y a trente ans passés,
par un certain nombre de Francs-maçons
d'alors, qui fournirent cent francs chacun,
se proposant de rétrocéder ladite maison à la
Loge des francs-maçons aussitôt que celle-ci
aurait des fonds suffisants pour rembourser
les avances faites. Le remboursement n'a
jamais été effectué. Il y a une dizaine d'années, la grande majorité des propriétaires
associés stipulèrent et votèrent qu'il serait
fait don dudit local à la commune de Condom, à condition que celle-ci le vendrait et
en consacrerait le prix à la création d'une
Salle de spectacle. La décision dont il
vient d'être parlé ne reçut pas discussion,
mais elle pourrait être renouée aujourd'hui :
elle serait probablement bien accueillie de
nouveau. La Commune, par ce moyen, gagnerait une somme de cinq à six mille francs,
valeur de ladite maison, qu'on pourrait employer à établir et à décorer intérieurement
la nouvelle Salle de spectacle.

Il est bien certain, et plusieurs exemples
le démontrent, que les théâtres contribuent
beaucoup à la prospérité des villes ; ils ali-
mentent le commerce de détail, et attirent

plusieurs nouveaux domiciliés, qui se décident à quitter le séjour des campagnes pour habiter la plus grande partie de l'année une cité qui offrirait à la fois des amusements variés et une source féconde de moralisation.

⸻⋄◦⋄◦⸻

Si les améliorations qu'exposent les pages précédentes sont adoptées par le plus grand nombre des esprits élevés et viennent à être mises en exécution pour le tout ou en partie, nous nous féliciterons alors d'avoir payé au pays qui nous a vu naître, le tribut d'observations et de conseils que tout bon citoyen doit à ses semblables, afin que ceux-ci puissent arriver le plus tôt possible au degré de propérité que la Providence leur destine.

Si, par inverse, les améliorations dont il

s'agit, n'obtenaient pas l'assentiment que nous leur désirons, elles iraient alors s'ensevelir dans le vaste réservoir des pensées humaines, pour y rester indéfiniment, ou pour en sortir un jour, dans le cas où l'opinion dominante viendrait à se modifier, ainsi que cela est arrivé souvent dans le cours des siècles, pour des intérêts majeurs comme pour ceux de moindre importance.

Quoiqu'il advienne, l'auteur de cet écrit réclamera toujours une chose qu'on ne peut lui refuser et qui consiste à reconnaître ses bonnes intentions.

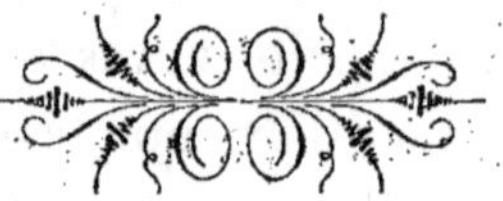

CONDOM : IMPRIMERIE DE P. DUPOUY.